ALHAJERO DONDE HABITAN LOS RECUERDOS

ALHAJERO DONDE HABITAN LOS RECUERDOS

Ingrid Meza

Valparaíso
EDICIONES

VALPARAÍSO POESÍA

Diseño de interior y maquetación: Chari Nogales
www.charinogales.com @chari_nogales

Ilustración de portada: Chari Nogales

Primera edición: febrero de 2025

© De los poemas: Ingrid Vanessa Gutiérrez Meza

© Valparaíso Ediciones
  C/ Fray Leopoldo, 7 bajo, 18014 Granada
  www.valparaisoediciones.es
  ISBN: 979-13-87538-24-8
  Depósito Legal: GR 196-2025

  Impreso en España - *Printed in Spain*
  Gráficas Gami

Para todos aquellos que ven vida, colores, sentimientos, historias, personas, comprensión, un escape en las letras.

Escribo porque estoy compuesta de letras, porque mi herida y mi cura surgen de la tinta, porque no hay herida que no tenga cura y no existe vida sin las letras.

Por favor, escritura, no pienses en ningún momento que te he abandonado.

VEJEZ

Puedo ver no soy sólo yo,
puedo ver vida alrededor;
todo acaba, qué desfavor,
esta noche alguien cayó.

Colosal mundo no es tuyo,
sólo un afortunado más,
el momento vendrá, morirás.

No puedes captar la vida,
piensa en la nostalgia dada,
que la vejez nos llegará.

QUERIDO AMOR, ME GENERAS PAVOR

Que si de verdad el amor existiera
¿por qué apenas me volteo
y ya estás mirando hacia otro lado?

Todo esto de amar se basa en puro físico,
en sólo sentir labios,
carne con otra carne,
dejando atrás sentir,
porque en el momento en que te distraigas
no importa el cariño,
se prueba por otro lado.

¡El amor y esta necesidad por sentirlo!
Todos quieren tenerlo,
pero nadie comprenderlo.

Utilizan la palabra "gustar"
hasta que nuevos cuerpos ven llegar.

Asusta querer en la actualidad,
donde la idea del amor está tan
devaluada que la infidelidad es una obra
aplaudida y la fidelidad un acto de burla.

Que la gente dice amar
mientras está en la cama de alguien más,
me hacen querer temblar.

Entonces ¿qué eres, "querido amor"?
mantente lejos si eres traición.

PRÍNCIPE ENCANTADOR

No hay príncipe, nadie te salvará,
probablemente a ellos ni siquiera les importe
qué tan tormenta seas
o cuál es tu color preferido

o lo que haces cuando no puedes dormir,
así que cierra esas puertas y despierta,
que el príncipe va a por ti,
sólo espera después de las 10:30

que aún está rescatando a sus demás princesas.

A TRAVÉS DEL ESPEJO

No sé cómo tú me veas,
no sé cómo ellos me vean,
yo me veo de un modo,
el espejo de otro,
las ventanas llegan a juzgar
y mi cámara también exige voto.
Sólo, no dejes de mirarme.
(que, para confesar, espero y sea la del espejo)

DEJA VÚ QUE TÚ TE IRÍAS

Duele pensar que no me buscarás más
en cualquier intermedio entre clases,
que tus ojos dejarán de mirarme.

No encuentro una palabra o frase
que por ahora logre describirme,
que tengo miedo, no quiero quererte,
pero tampoco quiero que te vayas.

Sé que es egoísta de mi parte
decir las cosas siempre a destiempo
¿por qué todo es efímero, "tiempo"?

Como sea, no quisiera dejarlo ir
¿es necesario que marches tan pronto?

Te quiero, debí decirte "lo siento",
lo siento por las palabras perdidas,
por cada abrazo que no fue entregado.

Si se trata de ti soy vulnerable,
precavida y ni así jugué ágil,
saber que te irás se siente fatal.
No debí permitir que te marcharas
para entender, quería te quedaras.

SORBETE DE VERANO

Hay algo de ti que no me atrapa,
no sé si sean todos tus dramas
o la forma en que me miras quizás,
o sólo sea yo que no quiere amar
(ni tampoco sea experta o sepa)

Queriendo tenerte cerca,
pero a la vez queriendo salvarme.
Sólo quiero besarte un buen rato,
después ya veremos si sentimos,
después quizás ya no quieras quererme,
quizás, era cuestión de un sorbete.

EL TÍTULO QUE LE QUEDE A TU TALLA

Me gustaría que te quedaras,
pero ¿aún quieres quedarte?
prometo ser fuerte para la respuesta.
Aún si piensas que ya fue mucho,
si gustas irte, no tengas duda, aquí estaré,
no importa el tiempo
o a quién elijas después.

Aquí estaré, porque tengo la idea
de que cuando alguien logra descongelarte,
metafóricamente,
cuando alguien logra reanimar tu pulso
aun cuando asegurabas
que ya no había nada en ti...
      y de repente simplemente
  escuchas un palpitar;
no es fácil irse así porque sí.
V, si te vas, aquí estaré,
aun así, tú decidas nunca más volver,
y la idea de *nunca más* me haga temblar.

Sé que me lo he ganado,
acepto la culpa
porque aun teniéndote tuve miedo,
intenté permanecer hielo.

Acepto la culpa
si me dices que una vez más
me esperarás afuera del salón de clases.

Que tengo miedo de ver
que te estás yendo,
que tengo miedo
cuando te estoy queriendo
¿por qué todo se basa en miedo?

Que el amor no existe, pero
¿por qué tu ser toma una forma tan parecida?
No sé cómo vista el amor,
pero te ves a la talla.

Que a veces gana el miedo
y tomo por opción esconderme,
esperando a que me encuentres,
y apuesto todo
a que podrás encontrarme,
porque eres la única persona
que sabe buscarme,
aun sabiendo que no hay manera
de encontrar mi corazón.

SANAR-NOS

Está bien, te has ido,
fue mi culpa, entendí tarde.
No volverás a preocuparte
en si llegué bien a mi casa.

Mis amigas ya no están de nuestro lado,
así que si volvieras serías odiado.
No logro olvidar,
no dejo de pensar,
recordar.

Te quiero de vuelta a pesar del daño
que me has causado
que te he causado.

Todo esto está trayendo sus frutos,
pero a la vez sus disgustos,
porque en cuanto avanzo
igual es la manera en la que retrocedo.

Me duele hablarte,
hablarnos en pasado,
porque realmente no quería un fin,
y hoy estamos más cerca de un
"ya pasó"

a de un
"podemos arreglarlo"
Porque aún al ver tu cara pienso:
¿cómo pueden estar tan lejos
los labios que ayer tenía sobre mí?

Has decidido acabar
y comenzar a tomar medicamento
porque sólo así crees estar bien,
yo busco sanarme sin algún tratamiento,
porque no hay pastilla que mate esto;
tu medicamento lleva nombre.
Si nos enfermamos al mismo tiempo
¿cómo puedes estar ya aliviado?

Ahora pensarás en alguien más,
ahora serán sus manos y no las mías
las que sujetes al caminar.
Ahora volveré a caminar sola
y llegaré a casa sin avisar.
Ahora debemos sanarnos
de aquello que comenzamos.

Estoy tratando de entenderte, vida,

estoy tratando de vivirte.

ATARDECER DE MAYO

¿Qué sucederá en el próximo atardecer?
Comienza a oscurecer,
el sol se va por esta vez
¿te quedarás por este mes?

¿Qué sucederá en el siguiente mayo?
¿Qué sucederá cuando te canses de mí?
¿Cómo haré con el dolor?
¿Cómo evito quererte?
…Si quiero verte mañana,
y es que no me agrada la idea de sentir,
pero no puedo dejar de sentir
cualquier cosa si se trata de ti,
    por ti.

NO TE QUIERO COMO PASADO

De qué me sirve vivir toda una vida
si no estarás en ella,
de qué me sirve conocer más personas
si ninguna de ellas serás tú,
de qué me sirve que tu presencia
me haya servido de experiencia,
si no te quiero de experiencia,
te quiero aquí,
te quiero a ti.

¿Por qué tenemos que vivir de lecciones?
¿Por qué darse cuenta cuando ya es tarde?
¿Será parte de esta vida?
Porque de ser así, en todo caso,
qué injusta es esta vida.

Sólo quiero sentir contigo aquí,
no te quiero como pasado.

Te me estás yendo vida y no sé cómo sostenerte.

AZUL

Aún no estás,
no sé si algún día seas,
pero si algún día llegas...
    que al primer segundo de tu pecho latir
    puedas sentir mi cariño venir,
    que cuando llegue la noche
    y por dormir tú estés,
    que al verme en tus sueños
    pesadillas no encuentres.

Que puedas venir a mí
    cuando el monstruo malo aparezca,
    que puedas ver en mis ojos
    un refugio a tus sollozos.

Que tu infancia esté llena de vida
    y no de sobrevivir;
    que nunca vivas mi vida,
    que nunca vivas mis días.

IRONÍA MODERNISTA

Que no hieran los perfectos,
que no sean tontos los sabios,
que piensen aquellos que saben,
que juzguen esos que pueden.

Que amen los que mienten,
que solapen los cuernos,
que las amistades hieren,
que es de hoy romper pactos. .

FINAL FUNESTO

A oscuras cuando en casa duermen,
presta atención y escucharás al corazón romperse,
cierra los ojos y siente el alma caerse.
Cae al ritmo de las lágrimas,
a la par de los crujidos por el corazón quebrarse,
sujetando la almohada para silenciar el ruido
que causa un corazón roto.

¿Cómo encuentra nuevas maneras de romperse
algo que anteriormente ya ha sido roto?
¿Cómo le dices al corazón que aquella noche
fue la primera del resto de los días sin ti?
¿Cómo sueltas el ayer?

Te quería de presente
ahora estás ausente,
queda una vida por recordar
que tu persona era mi hogar.

Cerraste el libro que creé para ambos,
borraste cada letra donde mi nombre
se hallaba grabado,
quemaste cada página que escribí a tu lado,
felices por siempre
pasó a ser...
¿cuándo fue que dejaste de estar enamorado?

FEBRERO UTÓPICO

En aquel mundo de utopía
creí que tu amistad correspondía,
en aquella ciudad de cristal
creí que esto era real.

Tu nombre jamás volveré a pronunciar
sin que en mí evoque dolor.
Tu vida y la mía nunca más se unirán;
la "tía de tus hijas" no pasará,
mi nombre nunca conocerán.

La noche acompaña después de tu traición,
los pasillos creados nos muestran a las dos,
las paredes se llenan de recuerdos,
cada ventana es una fotografía,
narran cómo eran nuestros días.

Ahora arden en llamas,
las escaleras al caminar.
Ahora no queda rastro
de lo que alguna vez fue amistad.

Las llamas nos extinguieron,
los recuerdos ahora son sombra,

ninguna huella volvió a pisar
los cimientos de nuestra historia.

Pero sólo en tus insomnios…
¿también piensas en aquel febrero?
Sólo al terminarse enero…
¿las cenizas te llevan de vuelta a mí?

BICHO MELANCÓLICO

Hay algo aquí que no te suelta,
hay algo dentro de mí donde tu nombre aún se encuentra;
que va desde el desayuno, hasta la llegada del té.

Busco y busco lo que está dentro que no te suelta,
ya busqué cómo eliminar esa silueta,
pero se mueve por todo mi cuerpo
trayendo en mí tu nombre.

Que ya he entendido el adiós,
pero cómo pica ese "bicho" que no sale de mi cuerpo,
ese "bicho" que te grita desde lo profundo de mí,
recorre todo mi ser
y no sé cómo hacerle entender
que tú ya has marchado hace tiempo.

MURRIA

Estoy cansada de extrañar,
las letras no me salen ya,
la tinta parece no pintar,
y es que, siento tanto,
tengo tanto por llorar.

Las lágrimas caen hasta quedar inmóvil
y después de ser sequía
la melancolía invade mi piel,
nuevas gotas caen sin saber por qué;
por qué no sé soltar,
no sé escribir,
escribir este sentir.

Murria, devuélveme mis letras,
intercambio las letras por sentir,
ya no quiero sentir más,
llévatelo todo.

QUERIDO TIEMPO

Querido tiempo,
llevo pensándote una vida,
vas pegado a mí
con el paso de los días.

A decir verdad, te temo,
temo de tus capacidades,
lo que llegas a quitar
y las sensaciones que causas.

Eres nostalgia
vejez
arena
pasado
presente
futuro
inalcanzable.

Eres tanto,
un vocabulario dependiendo cada mente.
Siento que te llevas mi vida
siento que no estamos en sintonía.

¿Puedes sujetarme, querido tiempo?

VIDA

Me han contado tanto de ti,
de cómo vistes,
de cómo eres,
de cómo haces sentir a quien tocas.

Tan famosa eres
que hasta en frases te veo,
en comerciales de felicidad te encuentro,
en noches de insomnio te pienso,
pienso en alcanzarte,
pero avanzas tan rápido,
te vas junto a tu amigo "tiempo".

¿Por qué no puedo encontrar qué se siente tenerte?
¿Te agrada más el amarillo o el color negro?
Por qué con unos cantas
y con otros callas.

Tantas preguntas para ti,
esperando algún día decidas responder
o, al menos, tu amigo "tiempo".

CAPÍTULO 18

Las últimas horas de este capítulo son sentadas frente al aire, la noche es melancólica trayendo capítulos anteriores, que sin pensarlo pasaron 365 días desde que el capítulo inició y ahora digo adiós. Aterra pensar en el futuro, en el futuro y la vejez, aterra saber que los 19 me alcanzaron y aún no sé cómo decirle hasta siempre a los 18, se quedan en el pasado, ahí todo dura. Creo que el tiempo pasa rápido, creo que estoy envejeciendo ¿o viviendo? No quiero seguir creciendo.

PD: Tiempo, de regalo te pido que vayas más lento.

Siento que no siento.

PARAGUAS AVERIADO

He sentido el calor y el frío
de lo que es querer a una persona.
Echo de menos tu presencia en días fríos,
días de lluvia donde las gotas caen sobre mí,
gotas que traspasan el paraguas,
el paraguas que dejaste al partir
(y me quedé aquí, por si decides venir)

SOLÍA EN EL TIEMPO

Siempre lo supe, da miedo crecer.
Solía creer que quizás joven me quedaría,
a temprana edad me pregunté del tiempo.

Tres años y dejar de mojar la cama,
a sumar aprenderás.
Cinco años y por los siguientes seis
por primaria pasarás.
Doce años y a las muñecas dirás adiós.
Trece años, la famosa adolescencia tocará tu puerta.
Quince años ¿nadie nota lo rápido que corre el tiempo?
Dieciséis años, creo que me he enamorado.
Diecisiete años;
¿en este punto elijo qué haré por el resto de mi vida?
Dieciocho años;
la adolescencia me dice "fue un gusto, hasta aquí"
Diecinueve años y al voltear atrás
quiero regresar,
no quiero avanzar.

¿Por qué 19 años se sienten equivalentes
a un abrir y cerrar de ojos?
Que al cerrar los ojos desearía poder tocar los recuerdos,
que al cerrar los ojos el tiempo se detuviera,
que no creciera más,

que al cerrar los ojos con la manta mamá arropara,
que no faltaran siete meses para la llegada de los veinte,
que por día que pase
las arrugas de mi abuela no aumentaran,
que por tiempo que avance
mamá algún día no faltara,
que por tiempo que avance
la muerte no alcanzara,
que alguien preguntara...
¿quieres avanzar?

KARLA CON K

Karla con k de querer,
no,
Karla con k de extrañar,
extrañar no utiliza letras,
extrañarte es sólo sentir tu ausencia,
que dos años sin ti se hayan convertido en sentencia.

Los meses pasaron y no supe más,
pero en mi memoria siempre estás,
que no hay día que no piense en ti,
en cómo estarás *¿me pensarás?*

Guardo pedazos de nuestra historia,
guardo la sincronía de nuestras risas,
cuando el volumen de éstas contagiaba a los demás.

Guardo las idas por pan a plenas tres de la tarde,
como si aquel sol no quemase.

Llevo conmigo aquel día
en que nos persiguió un chihuahua
y por nuestras vidas corrimos.

Guardo el sol de aquellos tiempos
cuando con los árboles tú y yo crecimos.

Todo aquello y un poco más,
sólo por si algún día nos volvemos a encontrar,
poderte recordar si llegases a olvidar…
que *alguna vez* fuimos una misma.

YA NO LLEGA SANTA

Parece que por casa Santa ya no pasa más,
parece que al visitar las chimeneas
las direcciones de los chicos grandes ha olvidado,
sus deseos fueron arrebatados
por aquel ladrón al que la gente llama "futuro".

Ahora hay nuevas risas,
nuevas caras a las cuales Santa busca dar;
ahora estás sentado del otro lado de la mesa,
aquella donde los adultos conversan
para discutir después de tragos de más,
ahora en la mesa hay sillas de sobra,
pero fantasmas ves en la sombra.

Para que uno sea joven
el otro tendrá que envejecer,
para que unos creen experiencias
los demás se llenarán de melancolía,
otros pasarán a ser memorias.

¿Dónde estás Santa?
¿A dónde han ido los deseos?
¿Por qué dejaste de leer mis cartas?

Solía pensar que mis polvos mágicos para volar traerías,

que si esperaba hasta las doce
quizás tu trineo partir vería.
Y ahora sé que los treinta llegarán,
que ser niño no era eternamente,
y ahora sé que crecer...
en diciembre duele un poco más.

Al paso de los años la conciencia duele más.

MELANCOLÍA ENCLAUSTRADA

Las horas compuestas por minutos,
los minutos compuestos por tiempo,
el tiempo compuesto de días,
los días compuestos de vida;
vida, que se escapa...
al abrir los ojos al nuevo día,
al cerrar los ojos de la noche que culmina,
volviendo a la noche parte del ayer,
el ayer pasando a ser recuerdos,
recuerdos que nos vuelven viejos,
trascendiendo a ser tormenta
    de aquello que alguna vez fuimos,
    pero no volveremos a ser.

Ruega al tiempo que pare,
quizás haciendo eco él decida escucharte,
en sus horas libres de tu nombre se acuerde
y de las plegarias...
    convierta el tiempo en eterno,
    un lugar donde los años
    no lleven melancolía enclaustrada,
    donde crecer no pese en la espalda,
    huesos, piel y alma.
    Lugar donde el tiempo intangible
    pasará a ser estático,

donde los granos de arena del reloj
no atravesarán los pulmones,
permitiendo al fin respirar
cualquier aire sin olor a nostalgia.

AL TRÍO DINÁMICO:

Que si olvidas tu pluma,
siempre tendrás de sobra la mía,
que si afuera hace frío
cabes perfecto en mi abrigo,
que cuando el tiempo pase
y la memoria falle,
y no recuerde *qué comí ese día*,
saber de memoria la inicial
de tu nombre y tus manías.
Que sin importar la distancia
y la postal de tu casa,
si dices *"llueve"*,
estar en cinco en tu entrada.
Que nunca sea suficiente la palabra *gracias*;
gracias por coincidir al mismo tiempo.

NOPAL VESTIDO DE ROSA

No sé cómo vista el amor,
amor, que alguna vez creí tocar
y cada púa me hizo sangrar,
sangrar hasta adormecer el dolor
causado al cultivar las espinas;
porque quitarlas era más difícil que dejarlas,
porque quitarlas era soltarnos.

Ahora que no hay amor
y sólo tal vez... nunca abundó,
sangre comienza a correr
al quitar cada una de mi piel;
    aquellas que confundí con las de una rosa roja
    eran las espinas de un nopal vestido de rosa.

HABITACIÓN LLENA DE FANTASMAS

Quien no ve a través de recuerdos, se quedará ciego.
Quien nade en melancolía, se ahogará en el ayer.
¿Quién está presente a las tres de la mañana?
Cuando todos los recuerdos llaman,
quién acompaña a oscuras dentro de estas cuatro paredes
cuando el corazón arde en llamas;
auras que recuerdan lo que alguna vez fui,
trasgos que acompañan al caer la noche,
fantasmas que albergan caras
que sólo al dormir volveré a ver.

Lloraré hasta arder los ojos,
    hasta que los grillos paren de cantar,
        lloraré hasta volver atrás.

Que, al soñar, los recuerdos tocar una vez más,
poder aferrarme al tiempo un poco más,
que al soñar soy uno más de ellos,
mi alma abandona esta tierra.
Tan lejano lo que alguna vez fue presente,
todas las memorias sostengo fuerte.
Si esta noche me quedo despierta
¿al volver el sol quedaría ausente?

CARTA SIN DESTINATARIO

Qué sería de mí conociendo el amor de padres,
si al volver de la escuela
a mi madre mi día hubiese podido contarle,
si al querer llorar mi padre en brazos
me hubiese consolado,
si el calor humano me hubiera abrigado.

> (Quieres ser como los demás,
> pero hubo una falla en ti.)

Sólo sé llorar en silencio,
nunca aprendí a llorar en voz alta,
con alguien acariciando mi pelo
mientras las lágrimas corrían a su vez
¿será que nunca fui interesante
y por eso escucharme nunca fue de su interés?

Papá, papá, mírame.
Mamá, mamá, escúchame.
Mamá, papá, tengo historias por contar,
tengo historias que no les aburrirán.
Papá, mamá, no fue un buen día,
las lágrimas no me dejan respirar,
siento mi cuerpo hundirse en tristeza,
me asusta ver al tiempo avanzar;

veo a todos pasar,
me voy quedando atrás.
Mamá, papá, no pido hablar.
Papá. Quédate. Hogar es esta casa.
Hogar no se siente como casa.
Mamá, préstame tu pecho para sanar.

Mamá, papá, me duele en el alma estar viva.

Papá, mamá:

Les escribo la carta que nunca recibirán.

A NOVI:

Cuatro patas son suficientes para mantener dos pies.

GENERACIÓN OLVIDADA

Quién diría que sin despedirnos
un día ya no nos veríamos,
mismos baños, mismas mesas,
mismos pasillos al caminar,
pero distintas personas veo pasar.

Ahora es de noche al estudiar,
el sol no acompaña más.
El mismo sitio,
pero tan distinto,
todos se han desvanecido.

Sin despedida partimos;
adiós a los profesores
adiós a la juventud
adiós a todos los rostros
que alguna vez conocí,
adiós no pudimos decir.

Todos crecieron
y de sus recuerdos me alimenté,
todos se fueron,
pero aún sus siluetas puedo ver.

Nuevas generaciones veo pasar,
todo volvió a avanzar.

En esta escuela que nos ha olvidado ya,
mi cuerpo carga los pesos muertos
de lo que alguna vez fue movimiento.

LISTAS DEL POR QUÉ

Por qué mi cabeza habla tanto
pero mis letras están pausadas.
Por qué mi pecho se inunda a diario
pero de mis ojos no vierte agua.
Por qué la comida se acaba rápidamente
y el amor se va al día siguiente.
Por qué hay tantas preguntas
pero ninguna de ellas conclusa.
Siento que se me escapa el tiempo,
y por más que corra no llego;
por más que pregunte
nadie aquí responde.

NOCHE Y LUNA TESTIGOS

Aire frío que acompaña
a un alma cansada,
noche oscura que ilumina
entre las luces de la ciudad,
cada punto te hace saber
que ahí ocurre vida.

Cielo negro que permite ver
aquellas estrellas que significan
que hay un todo allá afuera,
fuera de esta tierra.

Cielo nocturno que de día no permite ver
toda la transparencia que hay al anochecer,
como aquellas sonrisas
que, al llegar la noche,
el insomnio sus camas invade,
como aquel silencio
que el día no permite escuchar,
como todas esas máscaras matutinas
que en sus rostros jamás podrás mirar detrás.

Noche y luna que te miran
de todo aquello que no le cuentas al día.

AMNESIA DE QUIEN FUI

Extraño lugares que me han olvidado ya,
personas con las cuales crecí,
pero mi rostro no reconocen más.

Veinte grupos de *WhatsApp*
y en todos sólo quedo yo,
yo, tan acostumbrada a ser pasado
de todo aquel que conocí.

Por qué siempre hay un adiós a todo comienzo,
por qué conocer con el tiempo es perder,
por qué al crecer comenzamos a olvidar.

El tiempo se me ha esfumado,
quiero ser tanto, pero la vida me aplasta,
temo ser yo quien me haya fallado.

Ya no soy la generación del futuro,
ya no estudio entre pupitres,
ahora pasarán a ser escritorios.

Ya no hay nadie que vea un futuro en mí,
pues aquel futuro se volvió mi presente
y todos aquellos planes que había para mí
ahora descansan en los sueños que no cumplí.

Mi nombre nunca será escuchado,
Ingrid Vanessa será olvidado.

Si no estuviera rota
¿podría escribir?

PRESA AL PASADO

Me creí exenta a envejecer
como si la vida fuera a esperarme,
como si la muerte fuera a apiadarse.

Siempre extrañando lo que ya no soy más,
siempre mirando con anhelo al pasado,
mirándolo, pero nunca tocándolo,
corriendo hacia él, pero nunca alcanzándolo.

Nunca presente en mi edad actual,
volteando a verla hasta perderla
por estar anhelando años atrás.

Viendo así pasar los años
fijando siempre hacia el pasado;
extrañando mi presente
hasta que se convierta en ausente.

Extrañando tantos años
que se me han ido de las manos,
y ahora ya no caben en mis dedos
tantos números por recordar,
tantas caras por añorar.

VANESSA

Vanessa qué quieres,
Vanessa qué sientes,
Vanessa quién eres.

Tanto miedo a crecer
y no te das cuenta
de que estás viviendo,
estás existiendo.

Tanto miedo al mañana
que el sol ni ha salido
y tú ya te has parado de la cama.

Tanto miedo a ser humana
que el miedo se ha comido
cada una de tus entrañas.

Miedo al miedo,
me pregunto quién serás
cuando ya no quede nada.

CRECER

Crecer…
Se siente como ya no poder ir a *Kidzania*.
Como en universidad ya no tener recesos.
Como a los amigos que veías diario
convertirse en un de vez en cuando.
Como nunca más dormir con mamá.
Como si descansar fuera ilegal.
Tu vida obtiene valor a través de un papel.
El alcohol nunca fue tan divertido
como cuando era prohibido.

0:49 HRS.

De vez en cuando es triste estar solo,
es triste que no haya un alma
que desee escucharte,
que en desvelos te piense.

Que no haya un ser en la tierra
al que seas de ausencia.
Que nadie al ver tus ojos
los halle extraordinario.

Que no exista humano que en su día
vaya esperando cruzarse contigo.
No hay alma que me busque,
que por mi nombre llame.

5 DE SEPTIEMBRE DE 2023

Hogar es…

cuando me hace no querer llegar a casa.

IRIS COLOR LILA

Voy a acercarme lentamente
para que no sospeches mis pasos,
para no despertar en ti la duda.

Voy a mirarte cuando no estés viendo,
giraré mi cara antes de que sientas mi vista;
buscaré cruzar miradas de manera fortuita.

Voy a hablar contigo,
conocer sobre tus gustos,
quizá sacarte una sonrisa.

Voy a interactuar contigo
hasta donde me permitas acercarme,
pues no planeo incomodarte.

No sé si es gustar o atraer
pero has despertado mi interés,
interés por conocer quién es tu ser.

No sé si me arriesgue a hablar
o me conforme con de lejos admirar,
pero tienes a mis ojos buscándote cada vez más.

MIGRAÑA EN TU AUSENCIA

Odio cada mundo que recorre mi cabeza,
cansada de tanto sobrepensar,
me habla y silencio no guardará;
ella me dice que te irás,
te irás aún sin siquiera llegar.

AMOR FUGAZ

Supe nuestro final
sin siquiera llegar,
sabía cómo terminaría,
el día y la hora,
también el por qué.

Supe que te irías
desde que te vi acercar,
pude al abrazarte
encontrarte temporal,
preparé las palabras
cuando tuvieses que marchar.

Aunque sabía que sería fugaz,
quise ser la estrella
que recuerdes cuando el cielo
ves al anochecer.

Preparé cada encuentro
para volverse un buen recuerdo,
para cuando mi nombre
en el futuro recuerdes
elijas creer que fue un buen sueño.

Acepté ser una efímera estrella,
ahora sé cómo viste el amor bonito
y aunque no volvamos a cruzar,
fue bueno algún día
nuestras estrellas chocar.

VESTIDO AZUL

Aquel vestido azul quedó pendiente,
pendiente de aquella cita.

Aún se encuentra en el armario,
soñando con lo que dejamos,
con lo que ni siquiera empezamos.

Y no es culpa de nosotros,
sino de aquel vestido ilusionado,
imaginándose siendo usado,
ideando cada paso.

Soñó el lugar donde sería
el estreno de su bella falda,
se imaginó un cielo arrebol,
las frutas, y aquel beso,
sin imaginar que acabaría eso
mucho antes de ser puesto.

Ahora se esconde entre mi ropa,
otros vestidos quiere que mire,
está atento a mis conversaciones
por si su nombre alguna vez menciono
sea su azul al primero que elija.

Nosotros ya nos hemos despedido,
pero él aún se niega a ser visto,
se imaginó su primera puesta
y ahora no quiere afrontar
que ese es el precio de idealizar.

CORAZÓN TALLA (M)IEDO

Es como si pudiese sentir al corazón agrandarse,
se agranda cada vez que te ve llegar,
acelerando su bombeo cuando te tiene cerca,
deteniéndose un poco cuando a mi piel tocas.

Tienes a mí pulso cardíaco
tirando de tus manos,
de la magia que se ha vuelto
cuando sé que también respiras,
cuando tu respiración
se sincroniza a la mía.

Me asusta, pues te estoy queriendo;
me asusta que el corazón rebase mi cuerpo,
que este amor sea más inmenso.

¿Adónde irá a caber tanto sentimiento?

GOTERO EN EL ESPEJO

Le conté al espejo sobre mis temores,
lloré con él sobre mis dolores,
le confesé que no me gusta cómo me veo ante él,
lo culpé también por no poderme querer.

Debatimos sobre cada una de mis imperfecciones
y no encontramos ninguna de mis cualidades,
que si la circunferencia
que si el tamaño
que si el color de mis ojos
y mi manera de hablar,
que si esto que si el otro
y no paré de juzgar;
en cada detalle
él agregaba otro más.

Peleo con las prendas,
el espejo nunca aprueba.
Las voces afirman
que soy yo el problema.

Me rompo siempre ante él,
los cristales se impregnan en la piel.
Odio el odio que me es mirarme,
deseando ser alguien ajeno a mí.

Me pregunto si algún día
dejaré de huir del reflejo,
si podré mirar sin sentir desprecio.

QUERERTE Y PERDERTE

Porque en mis miedos a querer
está al quererte a ti,
quererte y que no me quieras
no cambiará que pueda quererte,
quererte y que me quieras
puede significar un día perderte.

TROZOS DE TAZA

Sé que ya no miras con los mismos ojos al amor,
sé que tu ilusión se esfumó,
tus ojos proclaman a lo lejos dolor,
sé que el romperte te privó de creer.

Sé que quieres con miedo,
pues es lo que conoces,
has oído "te quieros"
carecer de ciertos,
has probado mentiras
con sabor a verdad.

Sé que crees residir en el dolor
porque las lágrimas nacían en casa,
la renta es más barata
cuando con lágrimas pagas.

Sé que odias las rosas rojas
porque te recuerdan a traición,
has sanado, pero aún se te quiebra la voz
cuando ves llegar al amor...
cuando sientes el calor
y en vez de ver refugio
te preparas para el fuego,
cuando un interesado se acerca

y afirmas que no está a la venta,
que aquella taza está rota,
sus trozos no son dignos de armar.
Sé que miras con miedo al amor,
aunque trates de ello ocultar.

QUIERO CUIDARTE

Quiero cuidarte de mí,
cuidar tu valor de lo que pueda sentir.
No me gustas por lo que puedas llegar a ser,
sino por quien en esencia eres.

Mirarte sin catalogarte,
sin encerrarte en la idea del potencial
de quien podrías ser en una relación;
mirar a quien tu ser corresponde.

Dejar que tu nombre sea tuyo
y no amarrarlo a un nosotros,
dejar que me gustes por tu risa
y no por cuántas de éstas me provocas.

Escuchar quién eres
sin crear quién eres.
Descubrirte
y no inventarte.

No me gustas porque espero que te guste,
me gustas en tu libertad,
que 1+1 siga siendo individual,
quererte se volvió casualidad.

MORIR DE LETRAS

Intento cada día verme en ti,
ver mis días transformados
y que el tenerte llene el alma,
pero pensar en ti me bloquea,
me asusta y me vuelvo charcos.

No sé qué haré contigo
una vez haya un título,
no sé a cuántos defraudaré
cuando el papel
se estanque en la pared.

Mi futuro no lo hallo a tu lado,
pues algo más me ha enamorado,
y por lindo que suene "abogada"
no es como quiero ser nombrada.

Qué hay si sólo quiero esto,
qué pasa si mi anhelo son ellas,
quién soy si sólo quiero letras
si no quiero escapar de aquellas.
Si quiero que mi vida termine así,
dueña de éstas.

Mamá quiere verme en toga,

papá espera oírme decir
que acabé la universidad,
pero nunca fue tan difícil
la decisión errónea tomar.

Quiero decirles que quiero morir,
morir no sin antes dejar vida en mis hojas,
los sueños de niña haber intentado,
no partir sin mi pluma haber agotado.
Quiero escribir,
decirle al mundo que soy escritora.

Gracias por estar aquí. Gracias por leerme.
Gracias por hacerme sentir segura de dejar mi alma aquí.

Gracias por sanar con poesía.

Gracias.

ÍNDICE